어린 왕자는
아직 60살

장사언 시집

어린 왕자는 아직 60살

시간으로만 지울 수 있는
꾹꾹 눌러쓴 사랑
살아서 다하지 못해
아프지만 지니고 간다

바른북스

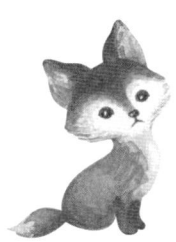

—

시골 생활 경험도 없고,
TV 속 自然人의 삶을 동경한 것도 아니었지만

호명산 속 테라를 만난 건
2015년 지루한 봄이 지나갈 무렵이었다.

30년을 피부처럼 감싸왔던
넥타이와 셔츠를 벗어 던지고

열 번의 봄을 홀로 맞는 동안
生의 가장 치열했던 시간들을 글로 남겼다.

목차

어린 왕자

自畫像	16
어린 왕자	17
自爲	18
靑春	19
기다림 I	20
그대	21
New York	22
겨울 Abu Dhabi	24
어제 그리고	25
사막의 밤	26
庚子년 아침에	27
상상	28
소풍	29
어머니	30
삶의 紀行文	31

사랑	*32*
業과 緣	*33*
因緣	*34*
별빛	*35*
외투	*36*
여행	*37*
生과 死	*38*
面壁	*39*
들꽃	*40*
벗	*41*
삶의 이유	*42*
相思花	*43*
기다림 II	*44*
그대	*45*
통화 기록	*46*
分, 時, 日, 月, 年	*47*

봄

봄비	50
봄	51
여린 봄	52
봄 마중	53
봄 잔등	54
게으른 봄	55
꽃잎	56
땀에 젖은 글	57
떠나는 봄	58

여름

여름나기	62
매미의 求愛歌	63
붙잡을 수 없는 그대	64
여름밤	65
폭염	66
바람 부는 날	67

가을

가을 I	70
낙엽	71
기다림 III	72
Password	74
회색 달	75
가을비	76
超人	77
떠나간 친구	78
가을 II	79

겨울

눈사람 82
아껴둔 詩 83
殘雪 84
다시 한번 85
네 생각 86
집 앞 정류장 87
눈싸움 88
12월 31일 89

코로나 격리 60일

슬기로운 대만 격리 생활 사흘째	92
슬기로운 대만 격리 생활 이레째	93
슬기로운 아부다비 격리 생활 첫날	94
슬기로운 아부다비 격리 생활 나흘째	95
슬기로운 아부다비 격리 생활 엿새째	96
슬기로운 아부다비 격리 생활 여드레째	97
슬기로운 대만 격리 생활 32일째	98
슬기로운 대만 격리 생활 37일째	99
슬기로운 대만 격리 생활 42일째	100
슬기로운 대전 격리 생활 52일째	101
슬기로운 대전 격리 생활 53일째	102
슬기로운 대전 격리 생활 마지막 날	103

달력

一月	*106*
二月	*107*
四月	*108*
五月	*109*
七月	*110*
九月	*111*
十月	*112*
十二月	*113*
마지막 날	*114*

自畵像

거울 속에서도 그대는 웃질 못합니다
나를 보면 차마 웃을 수가 없나 봅니다

살아온 만큼의 인연으로
위로하고 싶지만
그대를 만지지도 안아줄 수도 없습니다

무심히 지나온 시간
무슨 일들이 있었는지
오늘 그대는 내가 아닌 것만 같습니다

그대가 다시 웃을 수 있도록
더 뜨겁게 사랑하겠습니다

어린 왕자

이젠 일어나
짙은 안개 걷어내고
너를 두고 간 시간을 찾아봐

네게 날마다 단꿈을 건네던 靑年은
겨우 꽃 한 송이 심어두고
흰 별로 떠나갔어

네게 들려준 사랑, 열정, 용기
진심이었다고
기억해 달라고 중얼거리면서

自爲

혹여 주춤거렸어도 두려워서가 아니고
잠깐 휘청거렸어도 물러선 게 아니라
홀로 나선 들판에 맞바람이 거셌던 거라고
自爲를 하자

다시 오를 게 아니라면
조금씩 業을 덜어내며 내려가야지

다시 마주치지 못할 거라면
남은 緣을 털어내며 웃어야지

靑春

이젠
그댈 놓아주어야 할 것 같습니다

하얀 귀밑머리가
더 이상 그대와 어울리지 않아
봄날 연둣빛에도
더 이상 가슴이 흔들리지 않아
그댈 놓아주어야 할 것 같습니다

화려하진 않았지만 뜨거웠고
두려움 없던 靑春
그댈 이젠 놓아주렵니다

기다림 I

잠깐 꿈에 마주친 그대를 따라
여기까지 왔습니다
머무를 수도 돌아갈 수도 없는 곳까지

이젠 갈래길도 없는
날마다 좁아지는 길 위에서

그때 그 꿈에 본 그대를
다시 기다려 봅니다

그대

기다리면 오는 봄처럼
그대 오길 기다립니다

하얀 겨울을 걸어
날마다 길을 내는 이유는

그대
움츠리다 봄을 놓칠까
머뭇거리다 날 잊지 않을까

봄이 오기를 간절히 빕니다

New York

이 숲을 걷고 싶었다
여전한 異邦人이지만
빌딩 숲 사이로 들어오는
New York의 가을 햇살을 받으며

두고 간 인연들
오랜 무관심으로
왜, 어떻게 헤어졌는지조차 희미하다

어쩜 넌 그대로인데
내가 너보다 빨리 늙어버리고
그때 넌 일상이었는데
내가 너를 오래 쥐고 있었는지도

기억이 마모된 골목마다
힘들게 영역 표시를 다시 해보지만
더 빠르게 지워지겠지

※ 30년 전 회사 뉴욕 주재원으로
3년간 근무를 했었다.
그때의 추억을 밟으러 다녀온 뉴욕은
그대로인데, 나는 내가 아닌 듯하다.

겨울 Abu Dhabi

잿빛 차가운 하늘이 낯설다

어디에 서 있어도
혼자는 어색하지 않은데

아무리 멀리 와도
그리움 하나 솟지 않고

사랑을 노래하지 못하는 人間으로
박제되어 모래바람에 묻힌다

※ 2023년 아랍에미리트의 바라카 原電 성능시험팀의
PM으로 두 달 동안 출장을 다녀왔다.

어제 그리고

그대 떠난 자리에 누워
아직 뜨거운 가슴을 닫습니다

외로움 솟지 않게
모로 누워 그대를 향합니다
그리움 피지 않게
고개 저어 그대를 지웁니다

이렇게 눈 감으면
그대는 다시 오지 않겠지요

어제 그리고 지난날이 되어

사막의 밤

당신이 두고 간 기억이
이젠 오롯이 나만의 것이란 걸 압니다

더 이상 함께 할 수 없는 言語들이
하나씩 지워지고
아무리 애를 써도 더해지지 않는
과거형으로 남습니다

가슴속 흘러내리는
사랑을 가두기엔 느슨해진
絶頂이 그리운 사막의 밤입니다

庚子년 아침에

새해 아침
경자년을 맞이하러
계룡산 甲寺에 올랐습니다

산중 어디에도
경자년은 없었지만
찬바람, 맑은 물소리 귀에 담아 내려오는데

등 뒤에 누군가 업혀 속삭입니다
"니가 경자여!"

가벼운 맘으로 새해를 맞습니다

상상

오래전 우주로 떠난 소년의 상상은
빗속에 돌아올 길을 잃은 게다

그때 그 골목길
사방 어디에서도 보이지 않으니

지금의 詩 또한
새로운 곳으로 띄워 보내지만
돌아오길 기대하진 않는다

그저 꿈꾸는 게
숨 쉬는 것과 같아 행복하니까

소풍

소풍에서 돌아오는 길
누구나 찾을 수 있다던 보물은 없었다
괜한 기대로 온종일
돌 틈만 뒤집고 다닌 건 아닌지

밤새 준비한 장기자랑은
무대에 올려보지도 못한 채
빛바랜 스펙이 되어가고

이 길을 벗어나면 돌아오지 못한다던
엄마의 말씀대로
집으로 가는 길은 점점 멀어지고 있다
산등성이 해는 기울기 시작했는데

어머니

동네 모퉁이를 돌면
키 작은 누이 등에 업혀 울던
내가 있을 텐데

왜 이리 늦었는지
가져간 꿈은 어디에 두고 온 건지
주섬주섬 변명을 모으다
머릴 흔들어 본다

아픈 인연 다 떨구고
남은 눈물 다 비우면 알아볼까
당신의 아들 그대로인 날

삶의 紀行文

한참을 걸었는데
아직 그대 품속
식어가는 영혼을 누입니다

달빛마저 스러지는
희미한 새벽
차가운 숨소리에 일어나

내 삶의 紀行文
육십이 페이지 마지막 한 줄
그댈 위한 詩로 채웁니다

사랑

두고 간다 했는데
어디에도 없어
기다린다 했는데
인기척도 없다

시간으로만 지울 수 있는
꾹꾹 눌러 쓴 사랑

살아서 다하지 못해
아프지만 지니고 간다

業과 緣

잠깐 들른 삶에
많은 業과 緣을 쌓았다

버리고 용서하라 배웠지만
남은 시간은 짧고 힘이 없다

살아서 다 못 갚으니
이 行星 떠나는 날까지
다시 길을 나서야지

새로운 業 하나 더할지라도
마지막 緣이길 바라면서

因緣

산 아래 두고 온 지친 삶들
분명 버리고 온 것들인데
주렁주렁 매달려 떠날 줄을 모른다

돌아보면
가슴 뜨거운 인연들
분명 날 버리고 간 것들인데

벌거벗은 모습으로
그 끝을 부여잡고
부끄러운 줄을 모른다

별빛

바람 한 점 들지 않는
두어 평 퀴퀴한 공간에서
가슴이 흔들려 펜을 든다

그대가 두고 간 言語들을
쓸어 담다 눈물이 되고
詩가 되는 밤

수억 光年을 지나왔을
별빛 하나가
비인 어깨에 내려앉는다

외투

이 겨울
해진 마음 감출
외투 하나 장만해야지

먼 봄까지 한 벌이면 충분하고
단추나 지퍼는 필요치 않아
벗을 일 없을 테니까

같이 살기로 맘먹었으니
꽉 달라붙지도
쉬 풀어지지도 않았으면

여행

이 별에서의 여행이 끝나간다
미처 길들여지지 않은 채
아무도 길들이지 못한 채로

남은 수수께끼들은
힘이나 지혜가 아닌 시간이 필요한데
너무 빠르게 흐르고

오래전 타고 온 우주선 MAMA는
병들어 더 이상 날 태울 수 없는데
오늘도 걱정하고 날 기다리신다

生과 死

잠깐 깨어 여행을 한다는 것이
그대를 만나 사랑하며 머물다
갈 곳을 잃어버렸습니다

그대에게 더 이상 해줄 게 없다는 게
떠나야 할 이유가 되어버린 봄 밤

눈을 감아도
내가 어찌하지 못하는
두 녀석의 싸움은 계속됩니다

生과 死

面壁

만 하루
벽을 마주하니
틈이 보이기 시작했다

새어 나오는 눈물
감추려 다가서니 벽이 스러진다

유일한 境界마저 사라진 지금 머뭇거리는 이유는
어두운 밤 그리고
게으른 아침의 무한반복

들꽃

피지 마라 그대
꽃말조차 버거운 들꽃

山中 벌이라도 들르길 기대한다면
차라리 움츠려 하루를 더 살아라

작고 낮게 피었으나 그대는 꽃
짧고 희미하게 살았으나
그대는 분명 꽃이었노라

벗

마른 영혼이 젖어 눈가에 맺히면
지친 어깨 위로 오랜 벗들이 내려앉아

한 잔 술에 하늘이 가까워지고
두 잔 술에 세상이 멀어지더니

차가운 머리 위로 회색 달이 스러진다

삶의 이유

그토록 아름답고 다시없다던 사랑
이정표 하나 없이 내 가슴 어딘가에
다른 숱한 사랑과 함께 섞여 흐릿하다

몸서리치도록 아파 버렸던 사랑
소리 없는 울음으로 구천을 떠돌다
가만히 돌아와 용서를 구하고

내가 커버린 만큼 작아진 사랑들
다시 하늘만큼 땅만큼 내 모든 것이 되어
내 고뇌의 테마가 되고
삶의 이유가 되어 주기를

相思花

그대가 떠오르면
맑은 날에도 비에 젖은 듯
가슴속에 눈물이 흐릅니다

그대를 기억함은
미치도록 사랑했거나
죽도록 미워했기 때문일 겁니다

그대를 기다림은
어느 행복한 순간도
그대를 대신할 수 없기 때문입니다

기다림 II

부는 바람
홀로 나선 길에 입은 상처가
아직 무겁고

이는 향기
따라나선 길에 버려진 기억이
오래 외로워

한 번쯤 마주치지 않을까
그때 그 자리에 그대로 서 있지만

오늘도
그대 眼中에 나는 없는 듯합니다

그대

어디에서건
산다는 건 그대를 향한 걸음

무엇을 하건
산다는 건 그대를 위한 몸짓

숨이 차올라 눈을 감고 싶었는데
이렇게 다 해져 그대에게 다다라도
웃으며 안아 주겠죠

그대를 다시 사랑할 수 있겠죠

통화 기록

비는 창밖에 내리는데
가슴이 촉촉하다

오랜만에 걸려온 통화에
괜찮냐고 묻는데
그냥 눈물이 난다

사실은 비 그친 지 오래고
하루 종일 통화 기록은 없었는데

나는 울고 있다

分, 時, 日, 月, 年

더는 따라오지 마
分, 時, 日, 月, 年
시간에 채여 힘없이 끌려가는 나를

여린 어깨에 기대
밤새 별을 헤다 뜬눈으로 맞은 아침
따뜻하게 안아줄 용기를
지닌 채로 있어줘

너마저 주름지고 두꺼워진다면
난 돌아갈 곳도
자랑할 것도 없잖아

봄비

봄의 눈물이
겨우내 패인 주름을 타고
마른 살갗을 적시면
속울음이 붉게 드러나고

봄의 소리가
밤새 굳은 가슴을 두드리고
귓가 솜털을 간질이면
설렘이 부풀어 오른다

봄은 짧고 아픈 靑春!

봄

어두운 새벽 창밖에
봄이 웁니다

아직 차가운 눈물이
겨우내 간직한 꿈을 지웁니다

수십 번의 봄을 지나며
꿈을 의심한 지 오래지만
꿈꾸기 좋은 계절 봄이 옵니다

여린 봄

머뭇머뭇
봄은 아직 여리다
가던 겨울, 눈 흘김 한 번에
수줍게 산 아래로 숨는다

기웃기웃
그대를 기다리다 지친 나는
아직 아프고 힘들다

산중 온갖 미물들이
봄을 기억해 반기듯
그대를 온전히 맞을 수 있을까
그대는 봄처럼 다시 올 수 있을까

봄 마중

이 비 그치면 길을 나서야지
봄 마중하러

해 지기 전엔 올 것만 같은 그대

며칠째 기다리지만
봄은 벌써 지나쳐 간 것만 같습니다

봄 잔등

봄 잔등에 올라
꽃망울 터져 흐르는 山을 넘다
미처 따라가지 못한 겨울을 거둔다

大地의 숨결이
익숙한 리듬으로 다가올수록
생각보다 빠른 봄이 나를 이끌고

연두를 미치도록 흠모했던 靑春은
생각보다 빨리 짙어지고 있다

게으른 봄

게으른 봄이 떠날 채비를 한다
늘 그랬듯
이번 봄도 잡을 수는 없지만

손에 꼽을 남은 봄을 생각하면
비 내리는 봄밤
잠들 수가 없다

꽃잎

꽃 대신 봄이 흩어지는 밤
별 하나가 집니다

곁에 없어도
아무렇지 않은 우린
너무 멀어졌나 봅니다

그댈 마주치지 않았다면
그저 그랬을 그 길에
색 바랜 꽃잎 흩어지고

마지막은 아닐 거라
놓았던 손은 젖은 채 떨고 있습니다

땀에 젖은 글

간간이 비 뿌리고 바람 이는 모양새 하며
겨우내 해진 문틈 사이로
봄이 언뜻언뜻 보이는 것이
곧 임이 오실 듯 설레고 두근거립니다

계절 언저리마다 꿈틀거리는 몸짓
마음으로 가두려 하니
그 아림이 여간하질 않아

어디에건 이렇게라도
끄적거려 놓지 않으면
돌아갈 길을 잃을까
내 글은 늘 땀에 젖어 있습니다

떠나는 봄

봄이 떠난다
미처 고개 들지 못한
꽃잎 다 떨구고

봄이 다 가도록
언 가슴 울릴만한
인기척이나 두드림은 없었는데
다시 설렌다

점점 작아지는 再會의 기대지만
네가 돌아올 때까지
여기 이렇게 있을게

여름나기

여름이 길 거야
옷가지는 많지 않아도
챙 넓은 모자 하나는 챙겨둬

비가 잦을 거야
인적 없는 山中 하루 감내할
크고 가벼운 활자 가득한
책 몇 권 골라두고

그래도 여름이 물러가지 않거든
마지막일지도 모른다는 상상을 해봐
소중하고 소름 돋지 않을까

매미의 求愛歌

검게 그을린 목덜미로
남은 여름이 흐르는 날

매미는 왜 우는지
울어서 그댈 부르고
울어서 그댈 잡을 수 있다면

채 열흘 밤낮도 못 울고
쓰러진 매미의 眞心을

살아 한 번도 못 떠난
古木에 남긴 너의 사랑을 기억할게

붙잡을 수 없는 그대

햇살 좋은 여름날
허락 없이 그대를 불러
잔 너머 빈 의자에 앉힙니다

숨소리, 웃음소리
그때처럼 여전한데
내 말 들리나요
내 삶의 몸짓 이해되나요

일어서지 마세요
그대를 붙잡을 수 없다는 걸
이젠 알고 있습니다

여름밤

여름밤 산속은
생각보다 밝고 소란스럽다

단풍나무 잔가지 뻗는 소리
솔잎 간질이는 바람 소리
멀리서 들려오는
그대 심장 두근대는 소리까지

눈 감으면
더욱 선명해지는 魂들이
다투어 휘감는 山中의 밤

폭염

날카로운 햇살에 베인
言語들을 모으기가 쉽지 않은 여름이다

五感이 무너지는 계절
조각난 구름 사이로 흐르는
單語들을 일으켜 줄 맞춰도
금세 주저앉는 맥없는 하루

한없이 내리는 눈을 원망하고
무섭게 몰아치는 비바람을 피하던
그때의 나를 불러봅니다

바람 부는 날

바람 부는 날엔
두 손으로 가슴을 열고
想念들을 날려 텅 비워두고 싶다

바람이 두드리면
창밖으로 머리를 내밀고
실타래처럼 얽힌 因緣들을 풀어
한 줄로 세우고 싶다

바람이 잦아들면
또 하나의 고뇌와 사랑이 찾아들고
다시 바람이 일기를 기다리겠지

가을 I

가을이 스며드는
테라의 아침
여름은 이렇다 할 인사도 없이 물러갔다

내 치열했던 靑春처럼!

낙엽

그대가 두고 간 시간의 조각들이
지친 듯 누워 있습니다

늘 함께하고픈데
아픈 듯 붉게 젖어 있습니다

추락하는 것들 중에 가장 아름다운
그대와의 푸르렀던 시간을
반추하기에 어울리는 가을입니다

기다림 Ⅲ

천천히 걸어
가을이 따라오니

눈을 감아
작은 詩集 하나 채울 만큼의
사색이 붉게 물들어 오니

삶의 멜로디 게으른 가을 문턱에 서서
뜸해진 因緣을 기다린다

Password

처리 속도는 느려지고
저장 공간은 줄고 있는데
담을만한 파일 하나 없이 가을을 닫는다

잦은 失戀에 감염됐는지
첫사랑 생일 비번으로는
더 이상 열리지 않는

몇 번을 복붙해도
그때의 소중함은 그대로인
가을 폴더를 닫는다

회색 달

늦가을 새벽
회색 달 등에 지고
앞선 그림자 따라 숲길을 걸으면

헤진 나뭇가지 사이로
시린 달빛이 흩어지고

바람 소리
낙엽 밟는 소리
내 마음 흔들리는 소리에
달이 기운다

가을비

허리까지 차오르는
촉촉한 물안개 휘저으며
헤엄치는 日常이 감사한 아침

빗방울 머금은 단풍은
붉은 色을 더하고

새들은 아침 소란을 멈추고
남쪽으로 向하는데

여름을 잡지 못한 山은
가을비에 차갑게 젖는다

超人

가을이 떠나는 날
힘겨운 손을 놓으니
잠깐이지만 우주를 날아 내려앉습니다

수십 번을 구르다
흙이 되고 먼지가 되겠지요
더 자유로운

여전히 낯설고 두려운 겨울의 初入에서
막연한 봄을 기다리는 超人이 되어

떠나간 친구

아주 오랜 친구가 떠났다
산으로 올라온 뒤에도
가끔씩 찾아와 세상 소식을 전해주던 친구가
아무 말도 남기지 못하고 떠났다

병원 가는 차 안에서 가슴을 움켜쥐며
고통스럽게 몸부림쳤을 너의 마지막 모습이
하루 종일 내 가슴을 짓누른다

이 허전함을 달랠 수도
채울 수도 없는 공간에서 난 살아가겠지

단풍이 곱게 들면 함 들르겠다는 널 기다리며

가을 Ⅱ

찬바람 스며드는 山中 아침
지나는 가을을 물끄러미 바라봅니다

두고 간 낙엽을 거두어 낸
마음의 길 위에서
기다림으로 하루를 보냅니다

밤새 더 짙어진 가을이
조금씩 뒷걸음질 치며 山을 내려갑니다

붉고 화려함을 떨구고
아래로 아래로

겨울

눈사람

이 겨울
가슴이 뛴다 아니 가슴만 뛴다

아주 오래 차갑게 마른 눈물
무심한 위로에 촉촉해지고
눈 감고 숨을 멈추어도
그댈 향해 새어 나가는 사랑
가둘 수 없어 가슴이 아프다

여전히 낯선 겨울이지만
겨우내 되새김질할 따뜻한 추억 한 줌 쥐고
눈 내리면 널 닮은 눈사람 하나 만들어
꼭 안아주고 싶다

아껴둔 詩

겨울엔
꽃보다 사람이 그립다

너무 멀어
지쳐가는 그리움을
그대는 모른다

아껴둔 詩가 있어
한 구절씩 뜯어 들려주고픈
못다 한 노래가 있어

殘雪

꿈으로 남은
기억 몇 조각을 주워 든 아침

천천히 걸어오는
시간을 만지작거리며
봄을 기다린다

殘雪을 들춰내면
그 봄이 그대로 있을까
누구에게나 따뜻했던 시간이

다시 한번

오늘처럼 눈 내리고 흐릿한 날
가슴속까지 눈물이 드는 날에는
그 여름 山寺에 나를 다시 데려갔으면 해

솔가지 힘겨운 눈 받아 가며
색 바랜 四天王門 지나 오르면
넉넉한 항아리 돌탑 하나 나를 쉬게 하고

차마 들여다보지 않아도
나를 부르는 나지막한 독경 소리
흐트러진 내 속세를 조금은 달래줄 것 같아

대웅전 앞마당 눈밭에 엎드려
겨우내 잠든 **青春** 뜨거운 눈물로 <u>끄</u>집어내
다시 한번만 같이하자고 사정하고 싶다

네 생각

추울 때
네가 떠오르면 좋겠어
네 생각만으로도 따뜻해진다면

겨울이면
더 자라는 외로움,
누일 수 있지 않을까

집 앞 정류장

겨울이 오면
그대가 떠오릅니다

그때 나누었던 약속 지켜지진 못했지만
첫눈이 오는 날이면 그대가 떠오릅니다

집으로 가는 303번 버스 안에서
용기 내어 잡은 가는 손목
창가에 비친 하얀 얼굴

그 밤 그렇게 가슴 뛰며 지나쳤던
집 앞 정류장에
난 아직 서 있습니다

눈싸움

눈이 오면
주름진 손에 눈 한 줌 쥐고
마음을 닦으려구요

가슴을 마구 비비면
하얀 김이 오르고 얼룩진 창이 열리면서
숨겨진 내 여러 人間들이 나오지 않을까요

모두 눈밭에 풀어
맘껏 떠들고 뒹굴고 싸우다 이긴
나만 들어오라 하려구요

12월 31일

이젠 어울리지도
이루어지지도 않을 꿈을 두고 간다

부러 느리게 걷던 시간들
되새기며 붙잡으려 해도
속절없이 떠밀리지만

녹슨 사랑 꼭 쥐고
다시 누군가 마주치길 꿈꾸며
오늘을 건넌다

2020년 코로나가 한참일 때, 카페의 생존이 어려워져
대전의 원자력 엔지니어링 업체에 취업을 해 대만 原電 6기와
UAE 바라카 原電 3호기 성능시험팀의 PM으로 10개월 동안
대만에서 14일씩 두 번, 아부다비에서 14일, 한국에 돌아와
대전에서 14일 모두 60여 일의 격리 생활을 했다.

코로나 격리 60일

슬기로운 대만 격리 생활 사흘째

내 바람과는 달리
時間은 늘 먼저 떠나갔다

그대의 발걸음 하나하나 셀 수 있을 것 같은
이 작은 공간을 그대는 마음대로 넘나들며
낮과 밤을 만들고 있다

그대를 미처 따르지 못해 가두려 했던
내가 어리석었습니다

나보다 훨씬 자유롭고
나만의 것이 아닌 그대를

슬기로운 대만 격리 생활 이레째

생각도 지쳤는지
하루 종일 온갖 想念이 방 안 가득하다

기껏해야 열 걸음 남짓한 공간
부딪히지 않으려 애를 써도
기어이 나를 붙잡고 묻는다

어느 하나 저잣거리에 내 걸어
보여줄 만한 것도 없는 삶인데
이리 바쁘고 힘들게 걸어가는 이유는?

걷다가 보면
그대를 다시 만날지도 모르기 때문입니다

슬기로운 아부다비 격리 생활 첫날

좀 기대어 쉴게

혹 잠들면
양지바른 곳에 뉘어
마른 잎 한 장 덮어줘

碑木엔 이름 말고
내가 접었던 꿈들을 몇 개 새겨줘

잠든 건 내가 아니라
꿈을 묻었으니

슬기로운 아부다비 격리 생활 나흘째

해질녘이면
빌딩 숲 어느 사원에선가
들려오는 役僧의 코란 소리

낮 동안 뜨겁게 달궈진
대지의 열기를 누그러뜨리고
초저녁 달빛 따라 사잇길로 흩어집니다

이 시간이면 누굴 기다리는 게 아니라
그냥 혼자인 겁니다

무얼 바라보는 게 아니라
그냥 눈을 뜨고 있는 겁니다

슬기로운 아부다비 격리 생활 엿새째

神은
머뭇거려도 충분할 만큼
긴 生을 주었는데
나는 도전이라는 미명하에 늘 성급했다

이젠 境界를 넘어
돌아오지 못하고 있는
수많은 선택들을 버려야 할 시간이다

코란의 음률이
고립된 18층 창가에 오르면
또 하나의 境界에 다다른 듯 긴장되지만
다행히 아직 8일을 더 머물러야 한다

슬기로운 아부다비 격리 생활 여드레째

밤은 詩人에겐 천국
낮엔 차마 뱉지 못했던 미움과 울음을
손끝에 담아내는 유일한 시간

사랑 또한 많은 기억은 아니지만
밤이 되어 아름다움이 극에 달하면
뛰는 가슴을 活字로 달래야 한다.

아침이면 부끄러워 지우고 싶어도
詩人에겐 이미 살이 되어
도려낼 수 없는 아픔의 기록

詩는 한 그릇의 聖餐이다

슬기로운 대만 격리 생활 32일째

가느다란 달빛 창살 넘어
가슴에 드리운 밤
별들의 손짓 따라 하늘에 오른다

흐린 달빛 시려오면
새벽이 오기 전에 방으로 돌아가야 해
내 수감 번호는 600819

나를 버려두고 간 먼 길
그대 다시 돌아오지 못하는 날
내 사건번호는 비로소 終決!

슬기로운 대만 격리 생활 37일째

이 空間의 아침엔
하루가 시작됨을 일깨우는
간수의 고함조차 없다

유일한 소통 수단인
내 손가락엔 표정이 없다
오늘을 잊지 않기 위한
작은 몸짓일 뿐

짧은 여름밤
반복되는 黑白色의 꿈엔
딱히 기억되는 결말이 없다
그저 깨어보니 다른 세상일 뿐

슬기로운 대만 격리 생활 42일째

이리 설레지 않는 가슴엔
강한 흉부 압박이 필요합니다

出所를 앞두고도
쉽게 달궈지지 않는 심장에
그대의 뜨거운 포옹이 간절합니다

오실로스코프의 파형이 다시 꿈틀거리도록
귓가에 속삭여 주세요

사랑한다고

슬기로운 대전 격리 생활 52일째

혼자서는 늘 착하다
사랑할 사람도 미워할 이도 없으니
착할 수밖에

싸울 일도 밀쳐낼 인연도 없으니
울어도 부끄럽지 않은 혼자만의 세상에선
딱히 웃을 일도 없다

웃음이 退化되기 전 박제해 두려 해도
이미 사라진 듯 눈물이 앞선다

슬기로운 대전 격리 생활 53일째

이제야 정해진 삶을
살고 있다는 생각이 든다

아무리 쪼개어도
더 이상 늘어날 수는 없는 餘生

살면서 누구에겐가 나누어 준
시간들이 있었다면
이리 퍽퍽하진 않을 텐데

이제라도 내어주고 싶은데
내 어깨는 아직 딱딱하고 言語는 차갑다
이 業을 어찌 다 갚고 떠날지

슬기로운 대전 격리 생활 마지막 날

오늘따라 위로하고 칭찬해 주고픈
初老의 청춘

하고픈 게 있어야
아픈 게 있어야 청춘이라면
그대의 상처는 아름다운 追憶

그대를 놓아 버리려 했던
나를 용서해 주세요
조금 더 같이 걸어갑시다

一月

해마다 1월이면
생각보다 빠른 시간에 삶이 흔들린다

점점 흐려지는 나이테엔
고통의 자국만 거뭇거뭇한데
얼마나 더 둘러야
그대를 만날 수 있는지

비에 젖은 다짐들이
좀처럼 일어서질 못하는 겨울
벗어나고 싶다

二月

흐르는 시간을 불러 세워 묻는다
조금 천천히 갈 수 없냐고

정해진 만큼 살 텐데
지금은 좀 숨이 가쁘다고

四月

차가운 하루가 山을 내려가고
흐릿한 안개마저 흩어진 공간에
어두움이 일어나 걷는다

기다릴 이도
기다릴 시간도 없는 四月

잦은 빗발에 움츠러든 외로움이
남은 인내를 걷어낸다

五月

안 보이면
그리워하지 않을까
떠나면 슬퍼하지 않을까
괜한 걱정에 머뭇거렸던 봄

五月은 다 가는데
꿈꾸었던 사랑은
올해도 지나친 건지
가을보다 더 쓸쓸해진 봄

겨울을 감추느라
아픔을 달래느라
유난히 짙게 흐르는 봄입니다

七月

기억을 만지다 보면
움푹 파인 七月이 아직 촉촉하다

그때도 그랬는지
고인 눈물 속에서
좀처럼 헤어 나오지 못하는 밤

비는 그치고
여름은 다 가는데
꿈은 그해 七月에 머물러 있다

九月

여름이 떠나는 날
가을이 수줍게 다가왔다

계절을 보내고 마중하는 일이
일상이 되어버린 山中

되새김질할수록 아픈 시간들
차마 떨치지 못하고
인연으로 남아 부끄럽게 물들고 있다

十月

간간이 안부를 묻던
산새들조차 떠나버린 시월의 산속
휘어진 길 위에 누웠다

남은 시간
몇 번의 겨울과 惡緣을 더 맞아야
이 삶을 데려갈 텐가

말초신경 하나하나
잔뿌리처럼 뻗어 좀 더 머물고 싶은데

이른 찬바람에
수줍던 붉음이 쏟아져 내린다

十二月

해마다 十二月이면
촉촉한 겨울 달빛도 소용없이
말라버린 꿈을 접는다

지난 열한 달
하나씩 무너진 꿈을 기억한들
다시 일으키지 못하는걸

남은 한 달
그냥 오래 살게 해달라는
꿈 같지 않은 꿈은 꾸지 않으려고

마지막 날

이 별에서 여행을 마치는 날
가슴이 설레겠지

처음 만나던 그날
종로 3가 지하 다방으로 향하던
스물셋의 심장처럼 다시 뛰었으면 해

먼저 올라가 기다리고 있을
그댈 만날 생각에

어린 왕자는
　아직 60살

초판 1쇄 발행　2025. 9. 5.
　　 2쇄 발행　2025. 10. 1.

지은이　장사언
펴낸이　김병호
펴낸곳　주식회사 바른북스

편집진행　황금주
디자인　최다빈
마케팅　송송이 박수진 박하연

등록　2019년 4월 3일 제2019-000040호
주소　서울시 성동구 연무장5길 9-16, 301호 (성수동2가, 블루스톤타워)
대표전화　070-7857-9719 | **경영지원**　02-3409-9719 | **팩스**　070-7610-9820

•바른북스는 여러분의 다양한 아이디어와 원고 투고를 설레는 마음으로 기다리고 있습니다.

이메일　barunbooks21@naver.com | **원고투고**　barunbooks21@naver.com
홈페이지　www.barunbooks.com | **공식 블로그**　blog.naver.com/barunbooks7
공식 포스트　post.naver.com/barunbooks7 | **페이스북**　facebook.com/barunbooks7

ⓒ 장사언, 2025
ISBN 979-11-7263-564-0 03810

•파본이나 잘못된 책은 구입하신 곳에서 교환해드립니다.
•이 책은 저작권법에 따라 보호를 받는 저작물이므로 무단전재 및 복제를 금지하며,
　이 책 내용의 전부 및 일부를 이용하려면 반드시 저작권자와 도서출판 바른북스의
　서면동의를 받아야 합니다.